Tobias Kalder

Migration einer Unternehmens-Webseite am Beispiel Joomla! und Contao

GRIN Verlag

Bibliografische Information der Deutschen Nationalbibliothek:

Die Deutsche Bibliothek verzeichnet diese Publikation in der Deutschen National-
bibliografie; detaillierte bibliografische Daten sind im Internet über http://dnb.d-
nb.de/ abrufbar.

Impressum:

Copyright © 2012 GRIN Verlag GmbH
Druck und Bindung: Books on Demand GmbH, Norderstedt Germany
ISBN: 978-3-656-15541-6

Dieses Buch bei GRIN:

http://www.grin.com/de/e-book/190709/migration-einer-unternehmens-webseite-
am-beispiel-joomla-und-contao

GRIN - Your knowledge has value

Der GRIN Verlag publiziert seit 1998 wissenschaftliche Arbeiten von Studenten, Hochschullehrern und anderen Akademikern als eBook und gedrucktes Buch. Die Verlagswebsite www.grin.com ist die ideale Plattform zur Veröffentlichung von Hausarbeiten, Abschlussarbeiten, wissenschaftlichen Aufsätzen, Dissertationen und Fachbüchern.

Besuchen Sie uns im Internet:

http://www.grin.com/

http://www.facebook.com/grincom

http://www.twitter.com/grin_com

FOM - Hochschule für Oekonomie & Management

Neuss

Berufsbegleitender Studiengang Wirtschaftsinformatik

5. Semester

Seminararbeit im Fach „Content Management Systeme"

**Migration einer Unternehmens-Webseite
am Beispiel Joomla! und Contao**

Autor: Tobias Kalder
         5. Fachsemester

Neuss, den 20. März 2012

Inhaltsverzeichnis

Abkürzungsverzeichnis

CI   Corporate Identity
CMS Content Management System
CSS   Cascading Style Sheets
LAMP Linux, Apache, MySQL, PHP
PM   Projektmanagement
SEO   Search Engine Optimization
SLA   Service Level Agreement

IV

Tabellenverzeichnis

Abbildungsverzeichnis

1 Abstract

Die vorliegende Arbeit „Migration einer Unternehmens-Webseite am Beispiel Joomla! und Contao" beschreibt die überwiegend theoretische Vorbereitung und Planung der Migration einer bestehenden Webseite auf Basis des Content Management System (CMS) *Joomla!* auf eine neue, anhand von Kundenanforderungen zu evaluierende, Lösung. Wie der Titel der Arbeit beschreibt, fällt die Wahl des Evaluierungsprozesses später auf *Contao*.

Als praktisches Beispiel dient die Webseite der fiktiven Firma XY Personaldienstleistungen GbR, anhand der zunächst die Problemstellung des Unternehmens analysiert wird. Nach der Schaffung dieser Grundlage erfolgt die Ermittlung und Erarbeitung der Anforderungen an eine neue Lösung. In diesem Rahmen beschreibt diese Arbeit auch die Rahmenbedingungen unter anderem in Form einer Kosten- und Zielgruppenanalyse.

Die Ausarbeitung von Lösungsansätzen auf Basis eines erstellten Anforderungskatalogs eröffnet der XY Personaldienstleistungen GbR mehrere Möglichkeiten zur Lösung der beschriebenen Problemsituation. Zu diesen zählen die Beibehaltung der aktuellen Lösung und die Wahl eines neuen CMS aus einer Reihe verfügbarer Systeme. Um diese nach den Maßstäben des Unternehmens bewerten zu können, erfolgt eine systematische Gewichtung und Bewertung der Lösungsmöglichkeiten, gefolgt von einer schlussfolgernden Auswahl und Begründung.

Abschließend bietet diese Arbeit einen Ausblick auf zu beachtende Faktoren bei der Umsetzung der geplanten Lösung und bereitet so den Übergang in die eigentliche Projektphase innerhalb des Unternehmens vor.

2 Einleitung

Der schnelle Wandel, der sich insbesondere bei web-basierten CMS seit Jahren vollzieht, bringt für professionelle Webseiten-Betreiber kontinuierliche erfolgskritische Herausforderungen bei der Wartung und Pflege der Webseite mit sich. Soll die Webseite - aus den verschiedensten Gründen - aktuell gehalten und auf neuen Technologien basierend betrieben werden, sind Migrationsprojekte in mittelfristigen Zeitabständen unabdingbar.

Die XY Personaldienstleistungen GbR, ein junges Start-Up-Unternehmen[1], steht nach der initialen Erstellung der eigenen Webseite im Jahre 2009 vor der Notwendigkeit, die technisch, strukturell und inhaltlich veraltete Webseite neu zu gestalten.

Im Rahmen dieser Arbeit sollen die theoretischen Grundlagen für ein Migrationsprojekt gelegt werden. Zu diesem Zweck orientiert sie sich am zeitlich-logischen Ablauf eines Entscheidungsprozesses zur Auswahl einer Softwarelösung. Dies umfasst neben der einleitenden Problemanalyse die Erarbeitung des Anforderungskatalogs, gefolgt von der Ausarbeitung der Entscheidungsfindung und -begründung bei der Wahl der Zielplattform. Anschließend gibt die Arbeit einen kurzen Ausblick auf die Realisierungsphase und gibt Hinweise auf wesentliche Faktoren der Migration. Zu letzt fasst ein Resümee die gewonnen Erkenntnisse kurz zusammen.

Die Themenwahl fiel aus verschiedenen Gründen auf die Migration der Webseite der XY Personaldienstleistungen GbR. Zum einen zeichnet der Autor für eine spätere vergleichbare Realisierung[2] der Migration technisch verantwortlich, zum anderen dient diese Arbeit dem Erkenntnisgewinn durch den Vergleich verschiedener CMS in Bezug auf die gegebenen Anforderungen[3]. Aus Sicht des Umfangs und der Komplexität eignet sich dieses Projekt zudem für die Behandlung im Rahmen dieser Arbeit.

---

[1] weiterführende Informationen liefert Kapitel 3 auf Seite 3
[2] kein Bestandteil dieser Arbeit
[3] vlg. Kapitel 5

3 Problemstellung

XY Personaldienstleistungen ist ein fiktives kleines, dezentral geführtes Startup-Unternehmen und bietet verschiedene Personaldienstleistungen an. Das Portfolio reicht von eRecruiting-Software bis zu klassischer Personalakquise.

Bereits in der Entstehungsphase des Unternehmens wurde 2009 kurzfristig eine Unternehmenswebseite publiziert, die jedoch nicht mehr den Anforderungen an Inhalt, dessen Organisation und Technologie genügt. Die aktuelle Version der Webseite erscheint dem Unternehmen unprofessionell und unübersichtlich, was durch zahlreiche Umstrukturierungen während der Gründungsphase hervorgerufen wurde.[2, vgl.]

Als weiterer Kritikpunk wird eine schlechte Suchmaschinenoptimierung und eine damit einhergehende schlechte Platzierung in Suchmaschinen genannt[4], was niedrige Zugriffszahlen auf die Inhalte der Webseite belegen.

Aufgrund der veränderten Anforderungen an das zugrundeliegende CMS erscheint dem Unternehmen das aktuell verwendete *Joomla! 1.5* nicht mehr zeitgemäß. Für die gewachsenen Ansprüche an die Aufbereitung und Pflege des Inhalts bietet es zu wenige Freiräume und ist gleichzeitig für technikfremde Autoren nur mit hohem Schulungsaufwand produktiv nutzbar.

Bei der Betrachtung des Wartungsaufwandes sieht XY Personaldienstleistungen weiteren Verbesserungsbedarf.[5] Die in *Joomla!* häufig auftretenden Sicherheitslücken führen zu hohen Kosten für die Absicherung der Webseite[6]. Hohe Pflegekosten verursachen auch neue Funktionalitäten, die über zusätzliche Softwaremodule in die Seite eingebettet werden, da diese oft frei verfügbaren Erweiterungen Inkompatibilitäten[7] aufweisen können und manuell angepasst werden müssen.

---

[4]vgl. Interview, Anhang, Seite 18
[5]vgl. Interview, Anhang, Seite 18
[6]vgl. Business Case, Anhang, Seite 4
[7]in Bezug auf Layout, Datenbankdesign und Integration ins Backend

4 Analyse

4.1 Projektumfeld

Im Rahmen der Projektumfeldanalyse werden im Vorfeld des Projektes mögliche Einflussfaktoren erfasst und bewertet. Die Analyse findet sich im Anhang auf Seite 21[3, vgl.].

4.2 Zielgruppe

XY Personaldienstleistungen bewegt sich in einem aus Sicht der Informationstechnologie konservativ geprägten und gleichzeitig anspruchsvollen Markt, da Personalrekrutierung insbesondere in mittelständischen Unternehmen noch stark papierbasiert durchgeführt wird. Daher gilt es für die Migration der bestehenden Webseite die Zielgruppe klar zu definieren, um auf dieser Basis Realisierungsentscheidungen treffen zu können.

Für die Verwendung in dieser Arbeit wurde durch XY Personaldienstleistungen eine Zielgruppenanalyse bereitgestellt. Im Rahmen dieser Analyse wurden folgende Kriterien von Personen der Zielgruppe identifiziert:[4, vgl.]

- Mitarbeiter kleiner und mittelständischer Unternehmen

- Deutschsprachiger Raum (D-A-CH)

- Mitarbeiter der Personalabteilung (i.d.R. wenig technikaffin)

- Mitarbeiter der IT-Abteilung mit dem Schwerpunkt des Personalwesens

- Computer-Ausstattung: vorhanden, aber in der Regel 2 - 3 Jahre alt

- Betriebssystem: Windows, Internet Explorer 7

4.3 Wirtschaftlichkeit

Um die Wirtschaftlichkeit einer Umstellung der aktuellen Webseite festzustellen, sind zunächst die aktuell Betriebskosten der bestehenden Webseite zu analysieren und nach der Fixierung der Realisierungsziele[8] den Projektkosten gegenüber zu stellen. Die folgenden Kapitel fassen beide Analysen im Rahmen einer groben Business Case Analyse zusammen. Diese setzt sich aus drei rein finanziell fokussierten Teilen zusammen. Als Basis für alle Berechnung dient der von XY Personaldienstleistungen angesetzte interne Tagesverrechnungssatz von €300,00[9].

---

[8]vgl. Kapitel 7
[9]vgl. Interview, Anhang, Seite 19

Im ersten Schritt werden die aktuellen laufenden Kosten mit den geplanten Kosten des neuen CMS verglichen und daraus Ersparnisse / Mehrkosten zu ermitteln.

Im zweiten Schritt erfolgt die Schätzung der Projektkosten auf Basis des Anforderungskatalogs, unterteilt in die einzelnen Projektphasen. Auf die Auflistung einzelner Aufgaben(-gruppen) wird aufgrund des frühen Projektstatus verzichtet.

Zuletzt wird aus den ermittelten Summen die Dauer Amortisation errechnet. Ausgenommen aus der Berechnung sind nicht rechenbare Werte wie etwa Imageverbesserung oder mögliche Kundenakquise durch bessere Search Engine Optimization (SEO).

Kostenberechnung Joomla! und Contao

KOSTEN PRO MONAT FÜR	JOOMLA!	CONTAO	DIFFERENZ
Server	€6,95	€6,95	€0,00
Wartung	€300,00	€175,00	€125,00
Erweiterungen	€500,00	€250,00	€250,00
Inhaltspflege	€600,00	€300,00	€300,00
Summe	**€1406,95**	**€731,95**	**€675,95**

Tabelle 1: Kostengegenüberstellung Joomla! / Contao

Berechnung der Projektkosten

Implementierungskosten	Feb 12	Mrz 12	Apr 12	Mai 12	Jun 12	Jul 12	Aug 12	Sep 12
Analyse	900,00 €	600,00 €	0,00 €	0,00 €	0,00 €	0,00 €	0,00 €	0,00 €
Konzeption	0,00 €	1.800,00 €	1.500,00 €	0,00 €	0,00 €	0,00 €	0,00 €	0,00 €
Realisierung	0,00 €	0,00 €	0,00 €	3.000,00 €	3.000,00 €	0,00 €	600,00 €	0,00 €
Test	0,00 €	0,00 €	0,00 €	0,00 €	1.200,00 €	1.200,00 €	0,00 €	0,00 €
GoLive Support	0,00 €	0,00 €	0,00 €	0,00 €	0,00 €	600,00 €	900,00 €	0,00 €
Dokumentation	0,00 €	300,00 €	300,00 €	600,00 €	600,00 €	300,00 €	300,00 €	900,00 €
Projektmanagement	300,00 €	300,00 €	300,00 €	300,00 €	300,00 €	300,00 €	300,00 €	0,00 €
Summe	1.200,00 €	3.000,00 €	2.100,00 €	3.900,00 €	5.100,00 €	2.400,00 €	2.100,00 €	900,00 €

Abbildung 1: Projektkostenberechnung

Aus den ermittelten Summen ergibt sich eine Gesamtsumme von €20.700,00.

Berechnung der Amortisation

Aus der oben ermittelten Projektsumme von €20.700,00 und einer geplanten monatlichen Einsparung in Höhe von €675,95, ergibt sich folgende Rechnung:

$$A = \frac{\left(\frac{20.700,00}{675,95}\right)}{12} \approx 2,6$$

Mit einer Amortisation ist also nach ungefähr 2 Jahren und 7 Monaten (= 2,6 Jahre) zu rechnen.

5 Zielvorgaben

5.1 Obligatorische Kriterien

Vereinfachung der Pflege

Die Pflege der Webseite soll sowohl für technische Administratoren, als auch Autoren vereinfacht werden. Technische Anpassungen[10] sollen deutlich erleichtert und anhand eines logischen Seitenaufbaus strukturier- und nachvollziehbar sein. Neben der technischen Administration soll auch das Erstellen und Pflegen multimedialer Inhalte übersichtlicher und einfacher gestaltet werden.

Rollenkonzept

Die gewünschte Lösung soll über ein Rollen- und Rechtesystem verfügen, um die Pflege der Seite mindestens in die Bereiche „technische Administration" und „Inhaltsverwaltung" zu gliedern. Aufgrund der Unternehmensgröße von insgesamt 7 Personen genügen folgende Rollen:

Administratoren erhalten Vollzugriff auf das CMS, um technische Einstellungen und Modifikationen an Layout und Komponenten vorzunehmen sowie Fehler zu beheben und Benutzer zu pflegen.

Autoren erhalten Rechte zum Verwalten multimedialer Inhalte und dem Veröffentlichen der selben. Hierzu zählen das Anlegen, Ändern und Löschen von Artikeln und die Verwaltung von Bildern, Videos und sonstigen dateibasierten Inhalten. Darüber hinausgehende Rechte sind nicht gefordert.

Erhalten bestehender Inhalte

Bei der Realisierung sollen ausgewählte bestehende Inhalte erhalten, bzw. übernommen werden. Diese Übernahme kann wahlweise manuell oder automatisch erfolgen.

---

[10]Erweiterung der Funktion, Anpassung des Layouts, etc.

Verbesserung der Sicherheit

Die künftige Lösung soll auf konzeptioneller und technischer Ebene sicherer gegen Angriffe von außen und Missbrauch von innen sein. Besonderer Wert wird daher auf regelmäßig bereitgestellte Updates und ein als allgemein sicher anzusehendes CMS gelegt.

Verbesserung der Performance

Bei der Wahl der neuen Lösung ist auf eine gute Performances des CMS zu achten. Die Server-Hardware wird in dieser Arbeit aufgrund des Umfangs von dieser Betrachtung ausgenommen. Folgende Zielwerte sind dabei zu erreichen[11]

- Erster Seitenaufruf: 3 Sekunden
- Wiederholter Seitenaufruf: 1,5 Sekunden

Design & Technologie

Die zu realisierende Lösung erhebt den Anspruch, die Corporate Identity (CI) und damit die zu vermittelnden Unternehmenswerte über die Webseite zu transportieren. Kernfaktoren dieser Unternehmenswerte sind:

Effizient Die Seitenstruktur und das Design soll effizient und möglichst einfach zu bedienen sein. Unnötige Schaltflächen, Links und Inhalte sind zu Gunsten der Übersichtlichkeit auf ein Minimum zu reduzieren.

Transparent Das Design und verwendete Technologie soll den Geist der gelebten Transparenz widerspiegeln. Dies betrifft sowohl Farbgebungen sowie den logischen Aufbau der Seite und Inhalte.

Zeitgemäß Es sollen neue Technologien und Entwicklungen des Internets berücksichtigt werden, um den optischen Eindruck auch technisch zu untermauern. Hierzu zählen z.B. HTML5, Javascript-Frameworks, AJAX und die Einbindung von Social Media (beschränkt auf Twitter, Facebook und Google+)

Weitere Definitionen zur Realisierung der CI erfolgen im Rahmen der praktischen Realisierung. Hierzu bedarf es zudem der Lieferung eines Style Guides seitens XY Personaldienstleistungen.

---

[11]Messergebnisse der aktuellen Webseite: ca. 6 Sekunden werden für den ersten Seitenaufruf und ca. 3 Sekunden für wiederholte Seitenaufrufe benötigt.

5.2 Optionale Kriterien

Suchmaschinenoptimierung

Die SEO ist zwar ein wichtiger Bestandteil der zu realisierenden Lösung, kann jedoch nach Absprache auch durch XY Personaldienstleistungen eigenständig durchgeführt werden. Dennoch sollte die eingesetzte Lösung die interne Optimierung erleichtern.

Mehrsprachigkeit

Abhängig vom sonstigen Projektumfang und der Budgetlage ist die Mehrsprachigkeit der Webseite mindestens technisch vorzubereiten und im System vorzusehen. Eine Übersetzung erfolgt jedoch erst nach Projektende durch XY Personaldienstleistungen selber oder im Rahmen eines Internationalisierungsprojektes.

5.3 Ausschlusskriterien

Kundenlogin

Das zu realisierende Produkt sieht keine Möglichkeit eines Logins für Kunden vor, der beispielsweise Rechnungsdaten oder ähnliches bereithält. Diese Funktion wird durch ein eigenständiges Produkt vorgenommen und ist somit nicht projektrelevant.

Neue Inhalte

Die Realisierung dieses Produktes umfasst lediglich die Übernahme bestehender Inhalte, nicht jedoch die Erstellung, Prüfung, Strukturierung und Gestaltung neuer Inhalte. Diese Tätigkeit erfolgt ausschließlich im späteren Pflegebetrieb durch Autoren von XY Personaldienstleistungen.

6 Lösungsansätze

Ausgehend von den in den vorherigen Kapiteln definierten Anforderungen geht dieser Abschnitt auf mögliche Lösungsansätze ein. Dabei werden im Wesentlichen die beiden Alternativen, Wechsel auf ein neues oder Beibehaltung des alten CMS, betrachtet.

6.1 Beibehaltung des CMS

Die erste Alternative stellt die Beibehaltung des aktuell verwendeten CMS *Jooma!* dar. Aufgrund der genannten Kritikpunkte an der aktuellen Webseite ist bei der Wahl dieser Option eine Neugestaltung und Neustrukturierung der Inhalte notwendig. Um die Installation dennoch technisch aktuell zu halten, besteht die Möglichkeit, von Release 1.5 auf 1.7 umzustellen. Dabei ist jedoch zu beachten, dass bei dieser Aktualisierung das verwendete Template vollständig zu überarbeiten ist, um die Kompatibilität wiederherzustellen[1, vgl.].

Folgende Vor- und Nachteile ergeben sich aus der Beibehaltung des aktuellen CMS:

Vorteile

- Nutzung bekannter Technologie

- Geringer Schulungsaufwand

- Migration der Inhalte entfällt

Nachteile

- Template-Anpassungen notwendig

- Einschränkungen in der Flexibilität

- Image des CMS (Privatnutzung)

- Kein signifikanter Kostenvorteil

6.2 Wechsel des CMS

Die Alternative zur Beibehaltung des CMS ist der Wechsel auf ein neues System mit allen damit verbundenen Vor- und Nachteilen. Die folgenden Kapitel beschreiben den durchgeführten Auswahlprozess und das daraus resultierende Ergebnis. Hierzu werden zunächst aussagekräftige Auswahlkriterien definiert, anschließend nach ihrer Relevanz gewichtet, beurteilt und abschließend anhand der ermittelten Punktzahl eine Rangfolge der betrachteten CMS erstellt. Alle hier verwendeten Daten und Werte wurden im Rahmen des auf Seite 18 vermerkten Interviews ermittelt, bzw. im Anschluss schriftlich durch XY Personaldienstleistungen übermittelt.

Für die Auswahl wurden sechs verbreitete CMS vorausgewählt, die Liste der betreffenden CMS wird im Anhang auf Seite 19 aufgeführt.

6.2.1 Auswahlkriterien

Die Liste der ermittelten Auswahlkriterien befindet sich in Anhang 9.

6.2.2 Gewichtung

Im Rahmen des Interviews[12] wurden die für XY Personaldienstleistungen wichtigsten Faktoren für die Auswahl einer Lösung ermittelt und mit Gewichtungsfaktoren für die folgende Analyse versehen. Als besonders wichtig erachtet wurden:

je Faktor 7 Kosten, Möglichkeit für einfache SEO

je Faktor 6 Bedienung, Funktionsumfang

Hingegen als weniger wichtig wurden folgende Kritierien beurteilt:

je Faktor 3 Barrierefreiheit, OpenSource

je Faktor 2 Schnittstellen

---

[12]vgl. Anhang, Seite 19

6.2.3 Beurteilung

Kriterium (Gewichtung)	Concrete5	$\sum$	Contao	$\sum$	Drupal	$\sum$
Barrierefreiheit (3)	7	21	9	27	7	21
Bedienung (6)	8	48	7	42	9	54
Community / Doku (4)	6	24	8	32	10	40
Flexibilität (5)	7	35	8	40	8	40
Funktionsumfang (6)	6	36	8	48	7	42
geringe Komplexität (4)	7	28	7	28	7	28
Kosten (7)	7	49	7	49	7	49
Mehrsprachigkeit (4)	6	24	8	32	8	32
Monitoring (4)	7	28	6	24	7	28
OpenSource (3)	10	30	9	27	9	27
Performance (5)	7	35	9	45	6	30
PHP / MySQL (4)	10	40	10	40	10	40
Plattformunabhängig (5)	10	50	10	50	10	50
Plugins (5)	7	35	7	35	9	45
Rollenkonzept (5)	7	35	9	45	5	25
Schnittstellen (2)	7	14	5	10	6	12
SEO (7)	7	49	8	56	7	49
Sicherheit (5)	7	35	9	45	7	35
Technologie (4)	8	32	8	32	8	32
Templatefähigkeit (5)	8	40	9	45	7	35
WYSIWYG (4)	8	32	9	36	8	32
Zukunftsfähigkeit (4)	7	28	9	36	8	32
$\sum$		**741**		**818**		**771**

Tabelle 2: Beurteilung der CMS Concrete5, Contao und Drupal

12

Kriterium (Gewichtung)	Joomla!	$\sum$	Typo3	$\sum$	Wordpress	$\sum$
Barrierefreiheit (3)	5	15	7	21	6	18
Bedienung (6)	7	42	5	30	8	48
Community / Doku (4)	10	40	9	36	10	40
Flexibilität (5)	6	30	10	50	5	25
Funktionsumfang (6)	7	42	7	42	5	30
geringe Komplexität (4)	8	32	1	4	9	36
Kosten (7)	5	35	3	21	7	49
Mehrsprachigkeit (4)	8	32	9	36	8	32
Monitoring (4)	6	18	6	18	6	18
OpenSource (3)	9	27	9	27	9	27
Performance (5)	6	30	9	45	7	35
PHP / MySQL (4)	10	40	10	40	10	40
Plattformunabhängig (5)	10	50	10	50	10	50
Plugins (5)	7	35	9	45	8	40
Rollenkonzept (5)	10	50	10	50	8	40
Schnittstellen (2)	5	10	5	10	5	10
SEO (7)	6	42	8	56	8	56
Sicherheit (5)	4	20	6	30	5	25
Technologie (4)	5	20	7	28	7	28
Templatefähigkeit (5)	8	40	10	50	9	45
WYSIWYG (4)	8	32	8	32	9	36
Zukunftsfähigkeit (4)	6	24	10	40	7	28
$\sum$		**706**		**761**		**756**

Tabelle 3: Beurteilung der CMS Joomla!, Typo3 und Wordpress

13

6.2.4 Auswahl

Aus den oben genannten Bewertungstabellen ergibt sich folgende Reihenfolge:

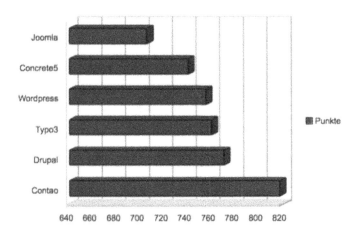

Abbildung 2: Diagramm: CMS-Auswahl nach Punkten

Es ist erkennbar, dass das derzeit verwendete CMS *Joomla!* nicht mehr den Anforderungen entspricht, wodurch die Beibehaltung / Aktualisierung des aktuellen CMS ausscheidet. Vielmehr vermag *Contao* diesen Ansprüchen gerecht zu werden, weshalb die Wahl des zu verwendenden CMS auf ebendieses fällt.

7 Strategiewahl

7.1 Begründung

Wie Kapitel 6.2.4 zeigt, bietet *Contao* anhand der gewünschten Merkmale die beste Lösung für die Webseite von XY Personaldienstleistungen. Speziell gegenüber der bisher verwendeten Lösung *Joomla!*, die die niedrigste Punktzahl bei der Beurteilung erzielte, zeigen sich zahlreiche Vorteile seitens *Contao*. Auch die als wichtig bewerteten Kriterien schneiden im Vergleich zu *Joomla!* deutlich besser ab:

Kosten Gemäß der Kostenschätzung in Anhang, Seite 4 kann die Verwendung von *Contao* die laufenden Kosten der Webseite um ca. 48% senken.

SEO Die integrierten Möglichkeiten zur SEO und verfügbare Erweiterungen ersparen zusätzlichen Pflegeaufwand und erleichtern die Optimierung.

Bedienung Insgesamt fällt die Bedienung übersichtlicher und strukturierter aus.

Funktionsumfang *Contao* bietet in der Standardinstallation bereits zahlreiche Funktionen an, die *Joomla!* fehlen. Durch den integrierten Plugin-Manager fällt außerdem die Erweiterung leicht.

Aufgrund der deutlich besseren Bewertung der wichtigsten Faktoren und der Gesamtpunktzahl erscheint die Wahl von *Contao* gegenüber *Joomla!* gerechtfertigt.

7.2 Vor- und Nachteile

Eine Umstellung auf *Contao* bietet zahlreiche Vorteile, jedoch birgt es auch einige Nachteile, die es bei der späteren Realisierung und im Betrieb zu berücksichtigen gilt.

Vorteile

- Kostenersparnis

- bessere SEO

- klarere Bedienung

- größerer Funktionsumfang

- erhöhte Sicherheit

- moderne Technologie

- große Flexibilität

- Professionalität

Nachteile

- kleinere Community gegenüber *Joomla!*

- komplexerer Systemaufbau

- Migration der Inhalte weitgehend manuell

- Wissensaufbau-/transfer notwendig

15

8 Umsetzung

Dieses Kapitel gibt einen Ausblick auf die Realisierungsphase und betrachtet dabei wesentliche Faktoren der Migration. Zunächst werden die strukturellen Unterschiede zwischen *Joomla!* und *Contao* kurz dargestellt und erläutert, welche Grundvoraussetzungen im neuen Zielsystem für eine erfolgreiche Migration zu schaffen sind. Anschließend wird eine Empfehlung zur Migration der bestehenden Inhalte gegeben und Kapitel 8.3 bietet einige Vorschläge zur Umsetzung der Anforderungen mittels Verbalisierung.

8.1 Vorbereitung der Migration

Das alte und das zukünftige CMS unterscheiden sich in der Art der Inhaltsbehandlung und -organisation zum Teil sehr stark. Diese Unterschiede sind bei der Migration frühzeitig in Betracht zu ziehen, um nachträgliche, aufwändige Änderungen zu vermeiden.

Artikelverwaltung Die Verwaltung und Aufbereitung von Artikeln unterscheidet sich zwischen den beiden System sehr stark. Während *Joomla!* einen recht simplen und eingängigen Weg wählt, nämlich alle Artikel als einfache Dokumente behandelt und abhängig von Kategorien und Bereichen in die Seitenstruktur eingliedert, erlaubt *Contao* einen differenzierteren Seitenaufbau. Je Artikel können mehrere Teilbereiche[13] angelegt und mit Inhalt gefüllt werden.

Für eine Migration bedeutet dieser Umstand jedoch manuellen Aufwand, da Teilbereiche, die in *Joomla!* über Module zusätzlich in die Seite eingebunden sind[14], separat behandelt werden müssen.

Templating Auch das Templating bedeutet im Rahmen einer Migration manuelle Anpassungsarbeit. Zwar erlaubt *Contao* den Import externer Cascading Style Sheets (CSS) Dateien, wodurch theoretisch eine Übertragung der alten Gestaltungsregeln möglich ist, aufgrund anderer Codestrukturen in der Templating-Engine von *Contao* sind Anpassungen dennoch unabdingbar.

Ob der ohnehin gewünschten Neugestaltung der Webseite kann dieser Punkt bei einer Migration also vernachlässigt werden, da ein neues Template erst im Zielsystem angelegt und alter Code somit obsolet wird.

Inhaltsstruktur Die Gestaltung der Inhaltsstruktur unterscheidet sich geringfügig zwischen beiden Systemen. Zwar repräsentiert die im System hinterlegte

---

[13]dies können Texte, Bilder, Formulare oder sonstige Inhalte sein
[14]beispielsweise der Grafikslider auf der Startseite von XY Personaldienstleistungen

Seitenstruktur in der Regel auch die sichtbare Menüstruktur der Webseite, dennoch erlaubt *Joomla!* durch die Verwendung von Knotentypen das Einrichten von z.b. Übersichtsseiten, die alle Artikel einer bestimmten Kategorie beinhalten. *Contao* verwendet hierzu eine klarere Trennung zwischen diesen dynamischen Funktionen und der reinen Struktur der Seite. Da die derzeitige Webseite von XY Personaldienstleistungen jedoch derartige Übersichtsseiten nicht verwendet, sondern sich ausschließlich aus statischen Einzelseiten zusammensetzt, ist eine manuelle Migration der Inhaltsstruktur relativ einfach möglich.

Erweiterungen *Joomla!* bietet eine Vielzahl an Erweiterungen, die die Funktionalität einer Webseite oder des Administrationsbereichs verbessern. Auch die Webseite der XY Personaldienstleistungen GbR verwendet einige Erweiterungen, die es bei einer Migration zu ersetzen gilt. Die Startseite beispielsweise setzt Erweiterungen für die Darstellung des Bilder-Sliders und die Social Media Links ein. Auch das Kontaktformular besteht aus einer Erweiterung. Für diese Zusatzprogramme gilt es bei der Migration einen adäquaten Ersatz zu finden.

Technische Voraussetzungen Die technischen Voraussetzungen der beiden Systeme sind ähnlich. Beide sich mit gängigen Linux, Apache, MySQL, PHP (LAMP)-Installationen kompatibel und somit auf der vormals verwendeten Hardware einsetzbar.

8.2 Migration der Inhalte

Ziel der anstehenden Migration ist die Überleitung der bereits existierenden Inhalte in das neue CMS. Wie bereits oben erwähnt, eignen sich diese Inhalte schlecht für eine maschinelle Migration, speziell die Überleitung des Kontaktformulars ist nur manuell möglich. Aufgrund der Neugestaltung sind außer des Logos keine Grafiken zu übernehmen.

8.3 Redesign

Den Anforderungen folgend bietet die aktuelle Gestaltung der Webseite einigen Raum für Verbesserungen. Um die Inhalte klarer zu präsentieren und die Kerninformationen, die Produkte, in den Mittelpunkt zu rücken, sind diese entsprechend prominent auf der Startseite zu platzieren. Neben den Hauptbereichen kann ein Produktvideo oder die Möglichkeit für eine Live-Demo zusätzliche Anreize bieten, die Produkte direkt online zu testen. Dies trägt der Forderung nach Transparenz Rechnung und lockert gleichzeitig das Layout auf.

9 Resümee

Abschließend lässt sich feststellen, dass die Eingangs als wenig aufwändig ein-
geschätzten Anforderungen aufgrund zahlreicher Details und entscheidungsrelevan-
ter Faktoren vielschichtig und entsprechend zu behandeln sind. Demzufolge war
sowohl im Vorfeld als auch während der Erstellung dieser Arbeit ein intensiver Aus-
tausch mit XY Personaldienstleistungen notwendig, um die nötigen Informationen
bereitstellen zu können.

Als besondere Herausforderung zeigt sich die Auswahl eines passenden CMS, da
zahlreiche Systeme erhältlich sind, die jedes für sich Vor- und Nachteile in Bezug
auf die gestellten Anforderungen hat. Weiterhin bleibt zu konstatieren, dass die auto-
matische Migration von Inhalten[15] nur mit unangemessen großem Aufwand möglich
ist, so dass beim betrachteten Projektumfang die manuelle Migration effizienter erscheint.

Weiterhin lässt die Bewertung der betrachteten CMS erkennen, dass die Entschei-
dung für eine Lösung stark von den Anforderungen abhängig ist und sich somit im
Laufe eines Software-Lebenszykluses auch ändern kann. Dennoch ist bei der Wahl
eine strategische Herangehensweise notwendig, um etwaige Migrations- und spätere
Betriebskosten auch mittel- bis langfristig möglichst gering zu halten.

Da diese Arbeit im Wesentlichen der Vorbereitung der Realisierung dient, steht
selbige im Anschluss noch aus. Neben der reinen technischen Umsetzung der Lösung
sind noch weitere Vorbereitungen zu treffen, unter anderem ist das endgültige Layout
der künftigen Webseite noch zu definieren.

Aufgrund der geplanten Kostenersparnis im Wartungsbetrieb und einigen nicht-
rechenbaren Faktoren „[rechnet] XY Personaldienstleistungen [dennoch] mit einer
angemessenen Amortisierung des Projektaufwandes binnen ca. 2,5 Jahren."[16].

---

[15]sowohl Text, als auch multimediale oder eingebettete Inhalte
[16]vgl. Anhang, Seite 18

Anhang

Interview

Im Rahmen dieser Arbeit wurde ein E-Mail-Interview mit Herrn Müller (Name anonymisiert)[2, vgl.], einem der Geschäftsführer von XY Personaldienstleistungen, geführt. Eine Zusammenfassung seiner Antworten findet sich in diesem Anhang. Einige Fragen beziehen sich auf außerhalb des Interviews ermittelte Werte, insbesondere die Kostenrechnungen wurden im Vorfeld ermittelt und durch XY Personaldienstleistungen validiert.

Was macht das Unternehmen XY Personaldienstleistungen?

„XY Personaldienstleistungen versteht sich als Personaldienstleistungsunternehmen für den Mittelstand. Dies umfasst dabei sowohl einen technischen Part, eine eRecruitment-Lösung für die effiziente Bewerberverwaltung, wie auch einen Service-Part, die aktive Suche und Ansprache potentieller Kandidaten."

Wo sehen Sie die aktuellen Probleme Ihrer Webseite?

„Diese Frage auf einen Punkt zu bringen ist schwer, denn unsere heutige Webseite hat zahlreiche Stellen, die es zu verbessern gilt. Zum einen stört uns das Design. Es wirkt unprofessionell und spiegelt kaum unsere Unternehmenswerte und Produkte wider. Außerdem ist der Inhalt historisch gewachsen (bzw. teilweise geschrumpft) und daher nicht mehr klar strukturiert. Ein anderes Problem ist die Sicherheit. *Joomla!* fällt in unserer Wahrnehmung relativ häufig durch Sicherheitslücken auf, was für ein Unternehmen, das sich zum Ziel gesetzt hat, mit sensiblen Daten zu arbeiten, nicht in Frage kommt. Durch diese Sicherheitsproblematik entstehen uns zudem hohe Aufwände bei der Wartung, wenn Updates einspielt werden müssen usw. Das alles macht die Pflege kompliziert und aufwändig. Weitere Punkte sind die mangelnde Flexibilität des Systems in Bezug auf eigene Gestaltungen und die mangelnde Suchmaschinenoptimierung."

Welche Verbesserungen wünschen Sie sich?

„Neben der Lösung der oben genannten Probleme ist folgendes unser Ziel: Die Website muss das Produkt und dessen "Geist"transportieren. Zielgruppe sind HRler oder ITler die ihren Bewerbungsprozess automatisieren und effektiver gestalten wollen. Sie muss Videos beinhalten und optisch hohen Ansprüchen genügen. Das heißt wenige Klicks, wenig Text und dafür umso mehr Transport des WOW-Effekt des Produktes, idealerweise auf den ersten Blick."

Welche Zielgruppe möchten Sie mit der Webseite ansprechen?

„HRler und HR-Itler aus Klein- und mittelständischen Unternehmen aus dem deutschsprachigen Raum (D-A-CH), die ihren Bewerbungsprozess automatisieren und effektiver gestalten wollen."

Worüber möchten Sie Ihre Zielgruppe informieren?

„Im Wesentlichen über unsere Produkte. Weniger im Fokus stehen News über das Unternehmen oder Ähnliches."

Welche CMS kommen generell für Sie in Frage?

„Hierzu haben wir bereits eine Vorauswahl aus unserer Meinung nach in Frage kommenden CMSen getroffen. Das sind (alphabetisch sortiert) folgende:"

- Concrete5
- Contao
- Drupal
- Joolma! 1.7
- Typo3
- Wordpress

Welche Kriterien sind für die CMS-Auswahl für Sie relevant?

„Die [auf Seite 20 folgende Abbildung] listet alle für uns relevanten Kriterien - bereits gewichtet - auf."

Mit welchem Tagessatz rechnen Sie für das Projekt und die Wartung?

„Der Tagessatz für Projekt und Wartung liegt bei XY Personaldienstleistungen einheitlich bei €300."

Innerhalb welches Zeitraums rechnen Sie mit der Amortisation der Projektkosten?

„XY Personaldienstleistungen rechnet mit einer angemessenen Amortisierung des Projektaufwandes binnen ca. 2,5 Jahren."

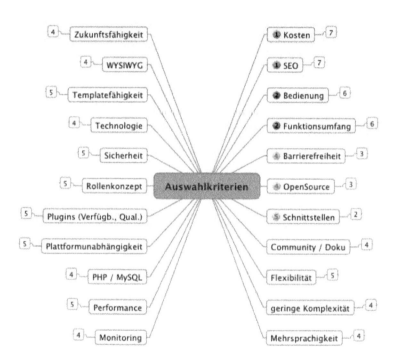

Abbildung 3: Mindmap: Gewichtete Auswahlkriterien

Projektumfeldanalyse

Die Projektumfeldanalyse wurde im Rahmen einer Voruntersuchung vollständig durch XY Personaldienstleistungen bereitgestellt[3, vgl.] und dient dieser Arbeit lediglich der Vollständigkeit halber.

Einflussfaktoren und Rahmenbedingungen für das Projekt

Es gibt für das geplante Projekt einige wesentliche Einflussfaktoren zu nennen, die sich sowohl positiv als auch negativ äußern können.

Kosten Aufgrund der kleinen Größe von XY Personaldienstleistungen und dem damit eingeschränkten Budget für dieses Projekt, spielen die geplanten Kosten mit besonderem Blick auf die Amortisation der Projektkosten eine wichtige Rolle. Bei deutlichen Über- wie Unterschreitungen haben sie gravierende positive oder negative Folgen für XY Personaldienstleistungen. Es ist im Rahmen des Projektmanagement (PM) daher streng auf die Einhaltung der Kostenziele zu achten.

Zeit Da sich das Produktportfolio noch im Aufbau befindet, ist eine zeitnahe Präsentation am Markt entscheidend für Image und Etablierung am Markt. Aus diesem Grund ist die Realisierung des Projektes zeitkritisch und sollte bis spätestens Q3 / 2012 beendet sein.

Entscheidungswege Positive Effekte auf den Projektverlauf sind von den kurzen Entscheidungswegen innerhalb von XY Personaldienstleistungen zu erwarten. Die flache Hierarchie und zeitnahe Meinungsbilder über soziale Netzwerke und sonstige Internetdienste erlauben eine schnelle Kommunikation und Abstimmung bei Fragestellungen. Diese schnellen Entscheidungswege ermöglichen erst den relativ kurzen Projektzeitraum.

Stakeholder

Als direkte, bzw. indirekte Teilhaber am Projekt konnten folgende Personen(-gruppen) identifiziert werden:

- Projektsponsor (M. Müller)
- Steering Committee (weitere GF-Mitglieder)
- Projektleiter
- Entwickler

- Tester

- Zielgruppe / spätere Besucher

Einbettung des Projekts ins Unternehmen

Dem geplanten Projekt kommt in seiner Zielvorgabe, der Migration und dem Redesign einer Webseite, eine besondere Rolle im Unternehmen zu. Dadurch, dass die Webseite als „Aushängeschild" des Unternehmens öffentlich verfügbar ist, ist eine qualitativ hochwertige und zeitgerechte Umsetzung wichtig.

Organisatorisch wird das Projekt durch den Bereich „Informationstechnologie" gesteuert, erhält jedoch weitere Eingaben zu Gestaltung und Inhalt aus den anderen Bereichen, speziell dem Bereich „Organisation / HR".

Chancen und Risiken

Chancen   Die Chancen des Projektes sehen wir im Wesentlichen in der Reduktion der Wartungs- und Betriebskosten der Webseite sowie in der allgemein besseren Präsentation von XY Personaldienstleistungen und unseren Produkten. Damit einhergehen sehen wir Chancen für den Gewinn von Seitenzugriffen und darauf basierend das Erreichen eines höheren Bekanntheitsgrades. Der wiederum kann zu einer höherer Kundenzahl führen.

Risiko   Sowohl Chance als auch Risiko sind die Kosten. Aufgrund des limitierten Budgets gilt für alle Beteiligten eine Richtlinie effizienten Handelns, was sich auch auf den weiteren Risikofaktor Zeit auswirkt. Weiterhin sehen wir Risiken in der Definition der Zielgruppe und weiterer Grundannahmen, auf deren Basis das Projekt aufgebaut wird. Sollten sich diese Grundannahmen als falsch erweisen, entsteht hoher Kosten- und Zeitdruck.

Neben diesen Faktoren stellt die Realisierung an sich ein Risikofaktor dar. Neben fehlerfreier Programmierung spielt vor allem die Struktur und die damit einhergehende SEO eine erfolgskritische Rolle, insbesondere nach dem Projekt.

Maßnahmen zur Beeinflussung des Projektumfelds

Zur positiven Gestaltung des Projektumfeldes sind folgende Aktionen geplant:

Nutzung der offenen Unternehmenskultur   Die Nutzung der ohnehin offenen Firmenkultur soll motivieren und Konflikte bereits im Vorfeld klären. Dies hilft, trotz Zeit- und Kostendruck den Stresspegel der Stakeholder zu senken.

Nachhaltige Kommunikation Anfallende Information werden im Sinne des Web 2.0 öffentlich im Unternehmen auf verschiedenen Kanälen (Blogs, Wikis, Twitter) verfügbar gemacht und frühzeitig notwendige Personen in Entscheidungen involviert.

Frühzeitig Feedback sammeln Neben der nachhaltigen Kommunikation sammelt das Projekt bereits frühzeitig und fortlaufend Rückmeldungen zum aktuellen Stand ein, um eventuelle Änderungen in einem maximal agilen Ansatz einflechten zu können.

Schaffung von Ressourcen Um das Projekt wie geplant realisieren zu können, stellt XY Personaldienstleistungen die notwendigen Ressourcen in Form von Manntagen, Hardware, Lokationen, etc. rechtzeitig zur Verfügung.

Schaffung einer stabilen Server-Struktur Durch den Bereich „Informationstechnologie" werden für das Projekt und den späteren Betrieb angemessene Server bereitgestellt, um u.a. aktuell auftretende Performancelücken zu schließen.

Erkenntnisse für die Projektplanung

Für die kommende Projektplanung sind einige Informationen relevant, die den Einstieg in das Projekt erleichtern werden. Zum einen helfen die vormals angesprochenen kurzen Entscheidungswege bei der Delegation von Aufgaben, jedoch auch dem Treffen von Entscheidungen, so dass die Projektplanung und das PM maximal agil agieren können.

Trotz der gewünschten Agilität sind bereits bei der Planung (auch im Rahmen der anstehenden Seminararbeit) strategische, nachhaltige Entscheidungen notwendig, um Folgekosten für XY Personaldienstleistungen zu vermeiden.

Detaillierte Zielgruppenanalyse

Diese Zielgruppenanalyse wurde zwecks der Verwendung in dieser Arbeit durch XY Personaldienstleistungen bereitgestellt[4, vgl.].

Unternehmensgröße

Die Zielgruppe sind kleine und mittelständische Unternehmen, die auf der Suche nach Recruiting-Dienstleistungen sind.

Abteilung, Funktion

Hier gilt es neben der Personalabteilung selber auch weitere Personen anzusprechen. Die Personalabteilung verlangt Informationen über die Funktionen und Bedienmöglichkeiten und Services. Mitarbeiter der IT, die möglicherweise mit der Software-Evaluierung beauftragt sind, legen Wert auf technische Daten und Spezifikationen, während Entscheidungsträger kompakte Informationen über Vor- und Nachteile der angebotenen Produkte wünschen, um die vergleichen zu können.

Soziodemographische Merkmale

- hoher Frauenanteil in Personalabteilungen

- mittleres Einkommen

Technische Ausstattung

Bei der Zielgruppe wird vorwiegend das Betriebssystem Windows und der Browser Internet Explorer ab Version 6 oder Firefox ab Version 3 verwendet.

Entscheidungsstrukturen

Die Person des Kaufentscheiders entspricht in den wenigsten Fällen denen des späteren Anwenders, allenfalls werden Anwender in die Evaluierung einer neuen Softwarelösung involviert. Somit gilt es beide Gruppen (Einkauf / IT, Personalwesen) anzusprechen.

Bedürfnis / Bedarf

Bei der Zielgruppe in den genannten Unternehmen ist ein Bedürfnis nach Vereinfachung der Recruiting-Prozesse zu erwarten. Daraus resultiert ein Bedarf der Anwender nach einfach zu bedienenden, komfortablen und plattformübergreifenden IT-Lösungen.

Markenbewusstsein

Ein spezielles Markenbewusstsein lässt sich bei der Zielgruppe in Bezug auf Recruiting-Dienstleister nicht erkennen. Hingegen ist ein gewisses Maß an Skepsis gegenüber kleiner, unbekannter Unternehmen in Bezug auf Qualität und Leistung zu erwarten.

Rationale Kaufgründe

Preis Gerade in kleinen Unternehmen herrscht ein hohes Preisbewusstsein.

Wartung, Kundendienst Da bei Personalrekrutierung teils Termine einzuhalten sind, ist ein zuverlässiger Kundendienst und angemessene Service Level Agreement (SLA)s notwendig.

Qualität Bei der Vereinfachung von Prozessen und der Auslagerung von papierbasierten Prozessen auf IT-Systeme spielt die qualitative Umsetzung eine wichtige Rolle.

Sicherheit Da es sich bei Bewerbungen um sensible Daten handelt, ist der Datenschutz sehr wichtig.

Kaufzeitpunkt

Hierüber lassen sich keine Aussagen treffen, da dies individuell von den Entwicklungen beim Kunden und am Markt abhängig ist.

Geographische Einordnung

Im Wesentlichen die D-A-C-H-Region.

Lokale Präferenzen

Es ist davon auszugehen, dass die geographische Nähe zum Kunden trotz der heutigen technischen Möglichkeiten weiterhin eine Rolle bei der Auswahl spielt, da die Nähe Vertrauen in Bezug auf Verfügbarkeit und Service schafft.

Erwartete Inhalte

Von einer Recruiting-Webseite erwartet die Zielgruppe sofortige Informationslieferung und die Möglichkeit, sich ein genaues Bild des Produktes und der Leistungen machen zu können.

Ansprache

Im Personalwesen herrscht selten ein lockerer Umgangston, in der IT hingegen schon. Dennoch erwartet die Zielgruppe eine professionelle Ansprache. Es gilt also, die Zielgruppe dort abzuholen, wo sie auf die Webseite gelangen und in die Inhalte der Seite mit respektvoll-moderne Ansprache zu leiten.

Kompetenz

Im Bereich des Personalwesens ist grundsätzlich nur von grundlegenden IT-Kenntnissen auszugehen, weshalb auf entsprechende Fachbegriff zu verzichten und eine möglichst intuitive Gestaltung zu achten ist.

Schlagwortverzeichnis

Quellenverzeichnis

[1] COMMUNITY, JOOMLA: *Migration from Joomla 1.5 to Joomla 1.6+.* http://docs.joomla.org/Migrating_from_Joomla_1.5_to_Joomla_1.6, 12 2011.

[2] MÜLLER, MICHAEL: *Interview mit XY Personaldienstleistungen*, 12 2011.

[3] MÜLLER, MICHAEL: *Projektumfeldanalyse*, 12 2011.

[4] MÜLLER, MICHAEL: *Zielgruppenanalyse*, 11 2011.